그윽

이정자 시집

문학의전당 시인선
239

그윽

이정자 시집

문학의전당

시인의 말

꽃 진 절벽이 신대륙이라니!

신 속에 신이 살고 있는
신발을 신고

나,
더 걸어야겠다.

2016년 11월
이정자

차례

시인의 말

제1부

능금나무 13
가을 호수 14
이상한 책 16
게발선인장 18
태양이 꽃그늘을 관통하듯 19
바람의 신부 20
황제나비 22
기억의 나무 24
무덤의 생성 25
고요의 깊이 26
청동나비등잔 27
누암리 고분군 28
손 30
사과꽃 향기 날리네 32
군자란 34

제2부

가을빛 속으로 37
하늘재 민달팽이 38
어항 40
화병 42
슬픈 가시 43
돌탑 44
입술의 환(幻) 46
봉분 몇 개 47
지느러미 이야기 48
풀꽃 시계 50
무게에 대하여 51
추련도(秋蓮刀) 52
트릭스터 54
안개 정국 55
한 끗 차 56

제3부

잠시, 아주 잠시　59
세 가지 꽃의 비밀　60
물메아리　62
방하착(放下着)　64
허물이 허물 되지 않는　65
꽃피는 봄이 죄인입니다　66
변주곡　68
하늘재　69
아이러니　70
메기 경영론　71
은행나무 아래서　72
주범　74
파문　75
축복　76
날개의 시간　78

제4부

에스프레소 81
남산 헌화가 82
풍경 83
남이섬의 아침 84
모빌이 있는 방 86
여자라는 이름의 이론과 현실 차이 87
한 알의 사과 88
책 속의 나무 89
덤 90
재테크 방식에 대한 어정쩡한 견해 92
가면놀이 93
그해 여름 94
카르페디엠(Carpe Diem) 95
초록 눈에 꽃이 핀다 96
달맞이꽃 98

해설 | 하여(何如), 그윽한 지경 99
 | 고영(시인)

제1부

능금나무

그 여름날의 폭풍이 없었다면
능금나무에 대해 난 알지 못했을 것이네
푸른 열매의 성숙을 몰랐을 것이네
단단히 내리는 뿌리의 기억을
난 알지 못했을 것이네

흘러간 것들은 아주 흘러가게 내버려두고
폭풍 속을 통과하며 내게로 온 것들

그 여름날의 혼돈이 없었다면
고통 속을 함께 건너온 능금나무에 대해
난 아무것도 쓰지 못했을 것이네

벽을 뛰어넘는 법도
넘어짐을 넘어서서
나를 사랑하는 법도

가을 호수

햇살은 다, 이리로 소풍을 나왔는지
넘치지도 부족하지도 않은 물빛이
가을빛을 닮아 맑고 깊다
얕아서 소란스런 물도 껴안고 가다 보면
고요해지는 것일까
꼬여서 삐딱한 물고기도 품어 안으면
푸른 지느러미 올곧게 출렁일까
능수버들 일제히 호수를 향해
가지를 늘어트리자
찰랑이는 물결
지켜보던 왜가리 한 마리
굴곡진 마음의 협곡 다스리지 못하고
캑, 캑, 거린다
사람이나 물새나
생각이 추(醜)해지면 제 한 몸의 입도
어쩌지 못하는 법인데
저 왜가리
이 호숫가로 와서

제 모습이나 들여다보며
맑아지려나

이상한 책

열어야 할 것과 열지 말아야 할 문이 있듯이
부수어야 할 것과 부수지 말아야 할 벽이 있듯이
펼쳐야 할 것과 펼치지 말아야 할 책이 있다

가만히 있어도 내달리는 시간
속도를 내려놓은 자리에
낡은 기타처럼
시와 음악이 놓여 있다

팽팽히 조율만 잘하면
이 세상 어둠 한 켠을
환히 불 밝힐 수 있는 것이면서도
한번 열어본 죄로
다시 닫을 수 없는 가슴처럼
허락되지 않은 내용은
견고한 표지의 장식으로 덮여 있다

이곳에는 한 번도 독파되지 않은 책을

머리와 가슴, 손과 발이 혼연일체가 되어
먹어치우는 뮤즈가 살아있다

불현듯
시가 음악의 발목을 잡았는지
음악이 시의 가슴을 잡았는지
읽을수록 미궁을 벗어날 수 없는

가을이라는 책

게발선인장

볼품없다고 구석에 밀쳐놓았던 것이 꽃을 피웠다
제 생을 집약해놓은 듯 모퉁이가 환하다
화양연화(花樣年華)*라
피어난 꽃 앞에서는 권태도 무릎을 꿇는지
파문처럼 꽃물결 지더니
꽃잎이 말라가면서 이내 떨어진다
분분한 낙화 속

모든 게 한때라고,
화무십일홍(花無十日紅) 인생들이라고

---

*꽃이 제 모양을 갖추고 빛이 나는 절정의 순간, 즉 인생에서 가장 아름답고 행복한 순간을 뜻한다.

태양이 꽃그늘을 관통하듯

 누군가 저 멀리 나는 새가 나무의 심장을 관통해 간다고, 저 허공의 풍경을 보라고 했다 그러자 앞에 있던 사내가 발음을 정확하게 해야 한다고, 그래야 오해의 여지가 없다고 했다 옆에 있던 여자가 그거나 저거나 관통하는 일은 매한가지 아니냐며 손가락을 찌르는 시늉을 했다

 태양이 꽃그늘을 관통하듯
 생의 뜨겁고 강렬한, 깊고도 그윽한 그 무엇이 관통해 간 적 있느냐고

 영혼과 영혼이 스미어 마침내 통점에 다다르는,

바람의 신부*

폭풍처럼 몰아친 달콤한 향기는
사내의 심장에 독으로 박혔는가
어깨에 기대어 여인은 혼곤한 잠에 빠졌는데
사내는 어이하여 허공을 응시한 채 잠 못 드는가
지상에서 맺어질 수 없는 사랑이라면
비바람 치는 밤하늘을 떠돌더라도
영원히 함께 있어야 한다는 절박한 염원이
놓칠세라 여인의 손을 꽉, 잡고 있지만
잡고 있는 것은 손이 아니라
천리 밖으로 달아나려는 마음
일생 놓치고 싶지 않은 그 무엇이
모래알처럼 심장을 뚫고 달아난대도
폭풍 속을 통과한 자만이
그 어떤 신화도 쓸 수 있는 법이지,
지상과 천상을 넘나드는
영원한 숨결의 기록을 남기는 법이지
열정이란 전력질주 살아 가슴 뛰는 날이겠지만
시간 앞에 무력해지는 것이 그 속성

폭풍 지나간 숲은 맑고 푸를 것이니
그대, 염려하지 마라, 사랑에 헌신하는
자, 사랑의 주인이다.

---

*바람의 신부(Die Windsbraut): 오스트리아 표현주의 화가인 오스카 코코슈카(Oskar Kokoschka)의 작품이다. 그림 속 남자는 오스카 코코슈카 자신이며 여인은 그가 사랑했던 알마 말러 이야기. 1914, 스위스 바젤미술관.

황제나비

일명 황제나비라 불리는 마리포사 모나르카 나비떼는
매년 겨울을 나기 위해
캐나다 로키산맥에서 4,000km를 순례해서
따뜻한 멕시코 전나무 숲에 도착한다고 한다

이들의 이동 경로에 방향제시를 하는 것은
햇살의 일조량, 태양을 나침반 삼아
길을 찾는다고 하는데,

길 위에서도
길이 보이지 않는 날이 있다
어느 길로 가야 할지 캄캄한 날이 있다

산을 넘는 것보다,
강을 건너는 것보다
내가 나를 넘어서기가 가장 어려운 법이라는 듯

나비떼는 꿈의 진원지,

그 푸른 광맥을 찾아
빛나는 언어의 고지를 점령하고 있다

기억의 나무

그들은 그렇게 사라져갔다
직립하지 못한 것들은 이름을 버리고 몰락해갔다

어둠의 시간을 통과한
직립의 나무들은 당당하다

기쁨과 고통,
고뇌의 길이 아로새겨진 나이테가
이 우주를 떠받치고 있는 힘이다

외롭지만 존재하는,
존재하기에 고독한

자작나무여, 바라보는 이 거리에서
미소 짓게 하던 날들의 희미한 기억 속엔
당신이 눈물겹게 살아있다

직립하지 못한 것들의 기억을 거느리고,

무덤의 생성

그들의 여정은 자신과의 싸움을 통한 구도자적 고행이었거나, 신성한 숲의 사원을 따라 꽃내음에 흘러온 것이었거나, 아주 멀리 아득한 곳에 있었거나 아니면 바로 등 뒤에 있었거나 제 스스로 온 것뿐이었으니

향기도 오래되면 냄새로 돌변하는 이치를 찬양과 배반에 실어 제 노래가 제 무덤인 줄도 모르고 그들은 읽고 돌아갔는데, 분명코 돌아간 줄 알았는데 어떤 약조도 맹세도 현재는 불확실한 미래의 통로, 잠시 시의 촉수를 내려놓았던 자도 아는, 새들의 여정의 끝은, 부활을 위한 전주곡이거나 아니면 제 집으로 돌아가는 과정이었거나,

새는 길 위에서도 알을 꿈꾼다는 것

고요의 깊이

모처럼, 한적한 시간을
밀린 시집 봉투를 뜯어 책장을 넘기는 일이
평화와 고요로 나를 충전하는 시간이기보다
속도를 위반하는 일이 아닌가 싶을 때가 있다

모두 다 도시로 더 넓은 도시로 떠나가고
청량한 공기와 검은등뻐꾸기 소리 들려오는 숲에
나만 홀로 오도카니 남아 있는 것 같은 생각에
멀뚱해질 때가 있다

도시를 찾아 떠났던 이들
문명에 지쳐 초록 숲 그늘로 들 것이라는 걸
뻔히 알면서도
책장을 넘기며 고요의 깊이 속으로
들어가는 일이

청동나비등잔

  살아 백년, 죽어 천년
  오랜 폐허의 고요를 깨고 에로스의 심장을 장착한 나비가 날아왔다

  오, 프시케여, 황홀한 밤은 갔는가, 인간과 합체될 수 없는 에로스의 슬픈 숙명을 이해한다면 의심을 거두고 불을 지펴다오, 천년의 잠에서 깨어나, 천문을 열고, 훨훨 날아오르는 나비같이 다시금 심지를 돋우어 살아있는 생명의 숨결을 들려다오, 화석이 되어버린 나비 날개, 그 오랜 마법의 주술을 풀어다오

  박물관 투명 유리 안에 갇혀 있는 나비장식촛대*에 꽃을 달아주고 싶다는 생각이 미치기도 전에 식은 줄 알았던 영혼의 아궁이에 불씨 몇 점 살아나 봄의 대지에 점화하네

---

*죽절형의 일반 촛대에 바람막이용 나비 장식을 달았음.

누암리 고분군*

태양의 연금술이 빚어내는 자연은 어김없는 꽃차례 궁전
할미꽃 피고 나니 산자고 피고
산자고 피고 나니 자운영 만발하네

산 자가 죽은 자를 지키고 있는 것인지
죽은 자가 산 자를 지키고 있는 것인지
저 무덤과 사과밭이 호위병, 사방이 자연정원이네
여기서 출토되었다는 금동제 귀걸이를 걸고 주문을 외면
천오백 년의 시공을 가로질러

똬리 튼 구렁이 한 마리
돌 틈에 웅크려 있는 줄도 모르고
다람쥐 한 쌍 돌담 틈새에서 숨바꼭질에 여념 없는 봄날

느티나무 아래 벤치는
햇살과 바람 그리고 적막이 주인이지만
방금 문명 속에서 먼 길 걸어온 당신이 앉을 때가
천년의 숨결이 깨어나듯

가장 아름다운 풍경으로 살아난다네

햇살과 바람을 무상으로 공급받는 나는
천공을 가르는 거대한 시인의 꿈을 꾸어보지만,

속도와 높이에 가치를 둔 머리는
모퉁이를 절망으로 읽을 테지만
굽은 모퉁이가 우주의 중심으로 빛나는 시간이 있다네
천년의 숨결이 가슴으로 만져지는 시간이 있다네

여기는 지금 들꽃들이 피고 지는 마음의 궁전

---

*신라 진흥왕은 한강 유역을 확보하기 위한 전략으로 국원소경(충주)을 부도시로 삼고 신라 귀족들을 이곳으로 이주해서 살게 했다. 그들이 죽자 이곳에 신라 귀족들의 무덤이 형성되었다.

손

손이 손을 꼭 잡았다

손이 살아온 내력이
산맥처럼 실금처럼
가슴으로 읽혀졌다

행복과 불행이, 천국과 지옥이
손등과 손바닥 뒤엎듯
한끝 찰나의 선택일지도 모른다

움켜 쥘 것도,
펴 보일 것도 없는 세상살이

빛나는 정신과 깨끗한 철학
맑은 미소를 끝까지 가지고 간다면
사람들은 손에게로 다가가
손이 손을 꼭 잡을 것이다

진정으로
세상을 다 가진
텅 빈 손을

그리고
허리 굽혀
한 그루 큰 나무 그늘에 깃든
안도감에 희망을 파종할 것이다

사과꽃 향기 날리네

신화란 자기해체를 통한 재구성 내지 재창조가 있을 때
가능한 일

스티브 잡스는 죽었어도 그의 신화는 살아있듯이
사과꽃 피어나네

꽃봉오리와 만발하는 꽃잎 사이
멧노랑나비 한 마리 꽃의 희망이라도 되고 싶은지
팔랑이며 꽃잎에 내려앉네
핑크빛 봉오리가 피어날수록 흰빛이네

한입 베어 문
사과 로고의 상징에 대해 생각해봤나
세상에 신화가 없다면 꿈의 이정표를 무엇으로 삼을까
세상에 진화가 없다면 희망의 불빛을 무엇으로 대체할까

사과꽃은 그저 내용 없는 유형물로
툭, 지고 말 것이네

꽃의 열매는 미래, 열매의 꽃은 과거,
과거와 현재 그리고 미래라는 시간성은 영원과도 통하네

하얀 꽃 속에서 무르익는 길이 보이네,
빨간 사과가 보이네

군자란

붉게 밀어올린 꽃대가
호시절인 시대는 갔군요

사람이 자리를 만드는 것인지
자리가 사람을 만드는 것인지

고고한 것은 점점 도태되어
군계일학처럼 빛나던 지성과 철학은 죽고
개처럼, 잡초처럼 질긴 근성만이 살아남는 시대라는군요
판이란 다 그런 것이라는군요
적응해가는 자만이 살아남는 세상이라는군요

곱게 피운 내가 빛나던 시절은,
붉게 물든 그대가 아름다운 시대는,

제2부

가을빛 속으로

학생들의 웃음소리가 플라타너스 사이로
초록 비처럼 쏟아져 내렸다

모든 만물의 소생을 알리는
이른 봄의 비를 녹우(綠雨)라 하기도 하고
고택 앞 은행나무 잎이 바람이 불면
비처럼 떨어진다고 해서
녹우당(綠雨堂)*이라는 당호가 생겨났다는데

초록 비,
이미 내가 건너온 빛깔인 것만 같아서
고즈넉이 가을빛에 물드는 장미 꽃밭도 좋지만
연보랏빛 쑥부쟁이의
은은한 가을빛으로 가네

---

*고산 윤선도가 살던 해남 윤씨의 고택.

하늘재* 민달팽이

길앞잡이란 놈이 번갯불에 콩 튀기듯
풀숲을 향해 내달리고 있습니다
초고속인터넷 세상에서 느린 것은 답답해졌습니다,
새재가 생기고부터 하늘재는 진부해졌습니다

풀섶 민달팽이 한 마리만 빨리 가봐야 종착역은 결국 무덤이라
는 걸 아는지 느릿느릿 기어갑니다

천천히 아주 천천히
가닿을 곳이 있다는 듯이

간혹 속도에 질린 사람들이 하늘재를 돌아 넘습니다
팍팍 튀는 창의성 결여로 시가 낡아갈까 겁나는 나도
여기서는 귀가 순하게 열려서
자귀나무 꽃잎처럼 당신 말에 물이 듭니다

가슴에 닿지 못한 말은 씨앗도 되지 못하고
뿌리내리지도 못해

꽃잎처럼 분분히 흩어져도
속도와 느림을 조율하면서 가다 보면
창의성마저 진부해지겠습니까
정신마저 늙어가겠습니까
뭉게구름도 천천히 흘러가는 아침입니다

---

*우리나라에서 제일 오래된 고갯길. 경북 문경시 문경읍 관음리와 충북 충주시 수안보면 미륵리를 잇는 아름다운 고개.

어항

메기는 어항을 사랑했다
천적으로부터 자신을 보호하기 위해
무리 지어 다니는 송사리떼도
어항을 사랑했다
먹이 앞에서는 서로 물고 뜯는 피라미도
어항을 사랑했다

트릭과 야합으로
추문 연합 게이트가 풍문처럼 떠돌자
어항을 버린 껍지가 어항 밖에서
어항을 훔쳐보고
바다를 동경하던 코이는
강가로 떠나갔다

금의환향을 꿈꾸던 해초는
자신을 키운 어항 속으로
아직 돌아오지 않고 있다

어항 속 물고기들은
꿈꾸는 만큼 상처도 많다

화병

깨져야 산다
유리도, 심장도, 시도

태양에 깨지고
달빛에 깨지고

아름다움이 아름다움으로만 존재한다면
빛이 빛으로만 존재한다면

어둠을 모르는 미학이란 없다
정물화 속의 화병이 단지 그림으로만 존재하는 이유다

나를 관통하며 지나간 시간이여
깨져라, 산산이 부서져 다시 태어나는 화병은
깨질 때 비로소 살아있는 꽃의 집이다

슬픈 가시

잔디밭에 하얀 꽃나무가 보였다
장미도 아니고 뭘까 다가가는데
야생 찔레가 당당히 피어 있었다
찔레는 장미의 원종이라는데
원조론을 내세우며 장미인 척
슬쩍 색깔을 바꿔볼 만도 했을 텐데
순박한 빛깔의 향기를 피우며 나지막이 서 있었다
저의 고유한 본성을 따를 때
가장 개성 있는 빛깔로 빛날 수 있다는 걸
찔레는 진즉에 알았을까
그 옆 울타리에는 오월의 태양 아래
장미가 한껏 고혹적인 자태를 뽐내고 있었지만
사실 장미 가시는 자존과 오만의 상징이 아니라
자신을 보호하고 지키기 위한 슬픔의 상징이었던 것,
가시가 슬펐다

돌탑

켜켜이 쌓아놓은 돌탑 위로
단풍이 내려앉아 햇살에 반짝이고 있었다

누구의 간절한 염원이 저리 붉어졌는지
고요 속 풍경 속으로 걸어 들어가
나는 돌 하나를 살포시 얹어놓았다

누군가의 소망을
사명처럼 부여받은 순간
돌은 이미 돌이 아닌 것
신성한 빛을 발하는 하나의 사원

딸아, 서늘히 빛나는
네 반듯한 이마에 꿈의 날개를 달거라

일렬종대로 늘어선 꿈의 기원 앞에
나는 간곡한 한 문장만을 내려놓았다

저만치
노란 산국이 가을 햇살에 빛나고 있었다

입술의 환(幻)

넘어져 찢어진 틈새가 아물어
볼록한 무덤처럼 흔적을 만들었다
부딪혔던 상처가 상처 되지 않고
벼락 맞은 듯 번쩍, 정신이 든 것은
단맛에 길들여진 입술의 은유
그 거품 같은 환이 깨지면서
생은 지금부터 시작이라고,
쓴맛 단맛을 잘강잘강 씹으면서
가파른 고개를 넘을 때라고
그래야 제대로 된 맛을 안다고

봉분 몇 개

호두나무 아래 꽃이 피었다
안개 속 어슴푸레 봄을 철회한다던
어제의 벚꽃이 아닌 벚꽃이
호두나무에 몰래 깃들었다
누군가 버린 것이 때론 누군가에겐
미래일 때도 있었겠다
바벨의 입구로 가는 길가에
베어진 호두나무 가지 하나
죽지도 못하고 아연실색 눈뜨고 있다

호두나무 그늘 아래
무덤 몇 개

어느 봄날
양지 바른 묏등에
할미꽃들이 무더기 무더기 피어나고 있다

지느러미 이야기

송사리는 같은 물에 놀면서도 맑고 이쁜 쉬리가 보기 싫었다. 박힌 돌 빼내듯 빼내 버리고 그 자리에 피라미를 데려오고 싶어 했다. 피라미는 죽었다 깨어나도 자신을 능가할 수 없는 어쩔 수 없는 유전인자를 지녔기 때문이었다. 송사리가 더 괴로운 건 하루가 다르게 성장해가는 쉬리의 늠름한 자태였다. 오늘은 또 어떻게 쉬리에게 흠집을 낼까 골몰할수록 송사리의 입은 뾰족해지고 눈알은 점점 더 튀어나왔다. 얼굴보다 더 흉측스러워지는 건 마음이었다. 그래서 마음이 얼굴을 그대로 반영해주는 거울 같은 물빛이 싫었다.

그러던 어느 날
자신보다 몇 배나 큰 붉은 연어를 만났다.

"연어야, 너는 어떻게 그런 아름다운 지느러미를 지녔니?"
"그건 말이야 아주 단순해. 나와 다른 것을 보듬어주고 이끌어주는 거야. 그러면 내가 더 쑥쑥 자라는 게 느껴지거든. 그게 사랑의 힘인가 봐."

사랑의 힘?
병든 송사리는 사랑에 대해 생각에 잠기면서 중얼거렸다.

'연어의 저녁이 향기로운 건 아침과 정오의 마음을 잘 다스렸기 때문일 거야.'

풀꽃 시계

중앙탑 공원
민들레 소녀 조각상 손목에
토끼풀꽃 시계가 채워져 있다

이승을 돌아 돌아 만난 인연처럼
풀꽃 시계를 채워준 이는 누구일까

피 흐르지 않는 손목에
피 흐르는 심장을 수혈하는
피그말리온 같은 이는 누구일까

제 음부의 구린내를 감추느라
똥 묻은 개가 겨 묻은 개를 향해
컹컹, 짖는 세상에,

무게에 대하여

청개구리 노니는 연밭에 비가 쏟아진다
연잎도 제 무게를 지탱하기 어려운지
제 몸의 물방울을 한 점 흔적도 없이 비워낸다

비워진 잎새에
푸른 하늘과 햇살을 담고
출렁이는데

어인 일이지 사람만이
품은 것을 놓지 못해
천근만근 무게로 휘어질 때가 있다
잠 못 이루며 뒤척일 때가 있다

추련도(秋蓮刀)*

오래전 검 한 자루가 마음을 끌어당깁니다

고요 속 폭풍 같은 한 시절이
검 속에 잠들어 있으니
태어나 죽고 사는 것이
하늘의 뜻이었던가요,
세상사 부귀영화가
한바탕 봄날의 꿈이었던가요

북방을 호령하던 그 기세 다 꺾고
뒤늦은 가을에 피어난 연꽃이
어찌 처연하기만 하겠습니까

진검은 함부로 휘두르지 않는다 하셨지요?
생사를 넘나들던
당신이 차고 다니던 그 검

시공간을 넘어 빛나는 이곳에서

추련도 명문 한 구절을 읊조리며
파란만장한 당신 생애를 생각했습니다

홀로 핀 가을 연꽃 같은 당신의 뒤안길을 그렸습니다

*조선 인조 때의 명장 임경업 장군의 호신용 칼. 칼의 양날에는 그가 지은 추련도(秋蓮刀) 명문 한시가 새겨져 있다.

트릭스터

귀는 없고
입만 있는 너는

사람이냐
짐승이냐

사람이나
짐승이나

귀가 왜 두 개인 줄 아니?
입이 왜 하나인 줄 아니?

안개 정국

연초록 봄비 속을
긴꼬리제비나비 한 마리 날아가고 있다

시든 붓꽃을 피워보겠다고
붓꽃 위에 팔랑이다가,
잊고 온 민들레를 향해 날아가다가
일인다역의 배역이 힘겨웠던지
노쇠한 날갯짓이 풍전등화처럼 파닥거린다

사람이나 사물이 아름다워 보일 때는
진정성이 빛나는 순간
그 찰나의 추억이 햐, 많은
긴꼬리제비나비

꼬리에 꼬리를 문 긴 염문이
제 꼬리를 밟는 그의 활동 영역은
언제나 안개정국이다

한 끗 차

여름 뜰에 피어난
엔젤 트럼펫과 악마의 트럼펫은
동종의 식물이면서도 극과 극의 꽃명을 가졌다

땅을 향해 핀다는 것과
하늘을 향해 핀다는 것

고개를 숙이느냐,
쳐드느냐로
천사와 악마의 낙인이 찍히고 만 것인데

고개를 빳빳이 세우다 베어진
덜 여문 수숫대 같은 사람 내게도 있었듯

고개를 세운 줄도 모르고 세우다가
베고 베이는 나무토막 같은 사람들

제3부

잠시, 아주 잠시

통속은 가슴을 끌어당기는 힘을 가졌네
맨가슴 풀어놓은 듯 질펀하게

—날 바라봐 네가 사랑했던 나를,
날 바라봐 너를 사랑했던 나를—

노랫말은 화면 가득
화르륵 화르륵 벚꽃잎처럼 날리네

창가를 내리치는 빗줄기처럼
산전수전 다 겪은 듯한

불편한 진실 같은 통속에서는
왜 싸구려 냄새가 나는가

세 가지 꽃의 비밀

1
나 한때,
장미가 되고 싶었지
꽃의 여왕처럼 우아하고 도도하게
한세상을 제패하고 싶었지,
한 시절을 물들이고도 싶었지

2
흰 머리칼이 생기면서 나는
호숫가 수선화로 피어나도 좋겠다 싶었어
나르키소스의 전설처럼
내가 나를 사랑하다 빠져 죽어도 좋을 시간 속을
고요히 걷고 싶었지

3
토양의 산도에 따라 빛깔이 바뀐다는 수국
그 어디에도 얽매이지 않는 자유로운 정신이
꽃빛까지 자유로이 물들게 하는 걸까

그 중심, 심지처럼 박힌 사랑 하나 있다면
함께 손잡고 그윽, 늙어가도 좋겠다 싶어

초여름날 수국이 피어 있는
푸른 제국처럼

물메아리

초록 숲에서 하나의 기도문이 생겨났다

뫼비우스의 띠처럼 둥근 꿈의 지도를 찾아 기원은 시작되었지만
한 세계가 무너진다는 것은 개인의 소망이 닿지 않는 하늘의 뜻

불가능의 가능을 넘어
황금빛 두뇌와 따스한 피 흐르는 태양을 열망했으므로
꽃과 나비의 간극 속에 기원은 전격 해체될 수밖에 없는 일

그러니, 육신을 태우려 하지 마라
당신은 이미 재가 된 불,

세속의 때 곱게 비운 듯, 핀,
홍련 백련보다도 더 영롱한 연잎 물방울에 마음이 가닿는 이유는
길 위에서 길을 묻다가 소리 없이 울고 간
누군가의 마음 자락이 아닌가도 싶어
궁남지 연못가에서 그 물결무늬 헤아려도 보는데

뜻과 뜻이 만나 이루어지는 합일의 노래가
궁남지 40만㎡를 물들이는 연꽃으로 피어날 수 있다면
우리 그때 만나자, 진흙탕에서도 진흙에 물들지 않는
연꽃처럼 만나자

방하착(放下着)

인고의 날들이었다
푸릇한 아상의 잎새에도
사정없이 파고들던 소금기
완강히 저항하던 아집의 줄기도
고개를 떨구었다
고춧가루와 마늘이
알맹이로 속을 채우던
푸르던 날들의 자존심마저 꺾어놓았다
방하착(放下着), 내려놓고 나면
비로소 편안히 맛 드는 걸까
잘 익은 배추김치 한 접시가
세상의 중심을
식탁 한가운데로 옮겨놓고 있었다

허물이 허물 되지 않는

힘들고 지칠 때 찾아갈 수 있는
나만의 숲 하나 간직하고 있는

그 품 잴 수 없고
그 깊이 가늠할 수 없는
허물이 허물되지 않는

산 같은 사람 하나
사람 같은 산 하나

꽃피는 봄이 죄인입니다

의무만 있는 본처, 애첩처럼 살고 싶어
헌 집 하나 버렸습니다, 버리는 동시 버려졌습니다
아니 놔주고 놓여났습니다 실은
절체절명의 피 말리는 순간이었습니다
글쎄, 그게 화근이었어요
얼마 전 개울가로 나갔더니
갯버들 두 귀 쫑긋 세우며 말하지 않겠어요
산속 깊은 곳에 숨은 복수초 변산바람꽃 얼레지가
햇살을 끌어당기며 점화의 순간을 기다리고 있다고요
덩달아 매화나무 생강나무 진달래 목련이
일제히 싹눈을 틔우며 거사의 꿈을 키우고 있다구요
천지사방 열애처럼 꿈꾸던 혁명의 날이 올 거라구요
그래, 나도 겨우내 갇혀 있던 마음속 감옥으로부터
탈옥의 꿈을 벼리었죠, 세상으로 난 길들을 점등하며
가장 순정한 꽃씨 하나 골라 꽃피우고 싶었습니다
하지만 몸과 마음이 혼연일체가 되어 아프더군요
그러더니 점차 빈 항아리처럼 평온이 찾아드는 것이었습니다
살았다 싶었지요, 그러나, 저기 저, 싹트는 새순 하나

이미 어쩔 수 없는 봄의 공범자입니다
죄가 있다면 꽃피는 봄이 죄인입니다

변주곡

평행을 달려온 자에게
이건 분명 축복이다

평행이어서 목마르던
한 시절이 있었다면

차갑지도 뜨겁지도 않은

절반의 설렘이 지나가고
절반의 초록이 팔랑이고
절반의 슬픔이 지나가고

기차는 비로소
탈선의 들판이 보이기 시작한다

보이지 않던 꽃이 보인다

하늘재

하늘재는 충청도와 경상도를 잇는 경계
그 옛날 금강산으로 향하던 선비들의 발길이
길이 된 하늘재에 이르면
큰 것들이 작게 보이고
작은 것들이 크게 보인다
일테면 권력이나 명예 돈 같은 것보다
어디에서 발원했을까
맑은 물소리에 귀를 씻고
허리를 구부리고 들여다보는
고마리 꽃잎 이슬 한 방울에도 겸허해진다
구절초 꽃잎에 팔랑이는 나비를 따라 걷다 보면
현세 관음이 이 고개를 넘어
내세 미륵으로 오기라도 한 걸까
가을 햇살의 투명한 속삭임 듣는다
소리 없는 적막을 깨뜨리며
내가 나를 만나는 시간
비우면서 충만해지는 하늘재에 이르면
당신도 꽃길도 다 덤이다

아이러니

간절한 것이 없어
절실한 것이 없어

나는 늙는다

메기 경영론

사내는 미꾸라지 통에 메기 한 마리를 풀어놓았다
그리곤 한 단계 업그레이드될 미꾸라지들의 세상을 꿈꾸며
야누스처럼 씩, 웃었다

은행나무 아래서

희망이 지상을 덮으리라는 연초록 메시지가
어느덧 노랗게 물든 은행나무 아래서
탄성을 지르며 사진을 담는 사람들

잎새에 새겨진 시간의 무늬 따라가다 보면
지나간 길은 슬픔조차도 아름답고
우리들 가슴에는 금빛 추억의 물이 드네

물들어가는 줄도 모르고 은행나무 아래서
역사의 한 획을 긋고 간 여인네들의
삶과 사랑 이야기를 읽었네

주민을 위해서 알몸의 시위를 벌이던
고다이버의 숭고한 정신과
노래에 살고 사랑에 죽은
마리아 칼라스의 뒷모습을 생각했네

우리 살아가는 일이 어찌 기쁨뿐이랴

한 자락 적막의 무게에도
휘청, 마음 꺾이는 날이 있지만
현실에 매몰되지 않으면서
내실을 기하는 가을날

깊어가는 가을에 물들어서
한 그루 은행나무로 서 있어도 좋으리
불타는 황금빛 형상은 아니어도
그윽이 깊어져서 한 잎 잎새로 져도 좋으리

주범

겨울잠을 자지 않는 청솔모는
겨울 양식으로 먹으려고
도토리를 땅속에 감췄다

흘러가는 구름을 보고
위치 표시를 했는데
정작 먹이를 찾을 때면
구름은 어디로 다 흩어져 갔을까

감춰두었던 씨앗이
천지에 발아하는 줄도 모르는 청솔모가
이 땅의 숲을 무성히 푸르게 하는,

파문

충렬사 연못에
철쭉*이 풍덩, 꽃그늘 졌습니다

비단잉어가 유유히
꽃무더기 속으로 숨어듭니다

파문 지는 꽃물결
구름이 흩어지고
햇살이 반짝입니다

철쭉의 중심이 되고 싶은지
비단잉어 한 마리
꿈을 캐듯
꽃물결 속에 파동칩니다

철쭉 꽃그늘이 더한층 깊어졌습니다

―――――――
*노인이 수로부인에게 꺾어 바쳤다는 '헌화가'에 나오는 꽃.

축복

햇살이 내려앉든
빗방울이 떨어지든
누군가 성큼성큼 밟고 가든

그 기쁨에
그 슬픔에
그 아픔에 젖어 쓰러질까봐

햇살이 안주하지 못하도록
빗방울이 지배하지 못하도록
발자국이 관통하지 못하도록
굳건한 바위가 되고 싶었던 적이 있었다

바위가 되고 싶었을 때는 정작 바위의 노예였을 뿐
있는 그대로 받아들이고 느끼자 마음을 먹으면서

그 햇살이 잎새처럼 나를 반짝이게 하고
그 슬픔이 꽃잎처럼 나를 향기롭게 하고

그 아픔이 나를 성숙시키는 자양분이었다고 생각했을 때

축복처럼 비로소 나는
나를 다스리는 주인이 되어 있었다

날개의 시간

옥잠화 시든 꽃잎 속에
코를 박고 죽어 있는 모시나비
가을바람이 불어와도
다시는 날지 못할 죽음 앞에
날개는 찢겨지고
흐르는 것들은 정지되었어도

날개 속에 감추어놓은
언젠가 꽃이 될 시간 하나

제4부

에스프레소

스미는 물이
불타는 불보다 강하다

그날 초록과 나누어 마신
뜨겁고 쓴 에스프레소

불타고 남은 재는 한 줌 바람에도 흔적 없이 사라지지만
스미는 물은 바위에도 구멍을 뚫는다

기쁨과 고통이 한통속으로 돌아가는
극락과 지옥이 고농축된
초록이 여름에게로
여름이 초록에게로
서로를 탐미하며
관통하는 블랙홀

그 달콤하고도 쓰디쓴
사랑

남산 헌화가

남산을 오르는데
한 사내 참꽃을 꺾어 내려오다가
흠칫 가슴팍 옷 속으로 숨기는데요
그때 구름에 가려졌던 햇살이
쨍! 빛나면서 실종된 봄이 거기 있었어요
가난한 살림에 그 꽃을
아내에게 건네주고 싶은
그 마음이 봄인 거지요
가슴에 안긴 꽃빛이
마음을 물들일 때가 청춘인 거지요
꽃향기처럼 아낌없이 주고 싶은
그 마음이 더 향기로운 법이지요
부처가 따로 있나요
주름진 얼굴에 깃든 오롯하고도
순정한 그 마음이 부처인 거지요
누가 이 험난한 세상을 용서할 수 있겠어요
무엇이 이 지구를 구원할 수 있겠어요

풍경

그녀가 내민 접시에는
홍시와 무화과 열매가 담겨져 있었다
무언가를 건넨다는 것
그것은 무게나 수량의 차원이 아니라
마음을 열고 들어오는
따뜻한 눈빛과 믿음이 깃들어 있어 좋다
한 무더기의 산국이
산모퉁이를 환히 밝히듯
세상을 움직이는 힘은
크고 거창한 것이 아니라
살아있어 따뜻하고 아름다운 마음에서 나오는가
마음을 움직이는 힘 앞에
지난 허물과 과오는 용서가 되고
산국 향기처럼 휴머니즘의 꽃은
더 넓게 더 멀리 퍼져나간다
지금 그녀와 나는
한 폭의 아름다운 풍경으로 존재하고 있다

남이섬의 아침

흙돌담에 피어 있는 능소화를 보았다
작렬하는 태양 아래 툭,
능소화 한 송이 진대도 슬퍼할 일이 아니다
마흔의 비망록처럼 터트려보지 못한
제 안의 격렬도 하나씩 누구나 품고 살기 때문이다

꽃피운 적도 없이 찬란히 꽃피운 것 같은
폐허의 흔적 위에 그 여름날 폭약같이 비는,
여름비는 내리고, 물결은 들이쳐 범람했다
흰 눈발 날리는 숲으로 걸어 들어가고 싶은 적도 있었지만
눈물도 얼어 죽었는지 간절함도 사무침도 없이
밥을 먹고 시를 쓰는 시간을 깨고 나와
남이섬에 닿아보니 알겠다

생애 가장 설레고 빛나는 아침은
메타세쿼이아 숲길에 쏟아지는 햇살처럼
지극히 자연스런 가치가 빛을 발할 때라는 걸
별것 아닌 별것들의 빛과 어둠의 변주라는 걸 알았다

능소화 꽃그늘을 흔들고 가는 저 황혼의 물결은
과거를 반추하는 현재진행형이다

모빌이 있는 방

리본을 맨 색색의 곰들이
우주의 중심이 되어 돌아갑니다
살아있는 인형 같은 아이 하나가
철없는 여자를 한 꺼풀 벗겨내고
세상에서 가장 아름다운
이름의 옷으로 갈아입힙니다
남자의 어깨에도 힘을 얹어놓습니다
가족이란 구들장에 불을 지피면
어느새 길을 알고 찾아왔는지
꿈이 한 이불 속에 나란히 누웠습니다

여자라는 이름의 이론과 현실 차이

그릇이 크든 작든
사내는 늙어갈수록
측은지심으로 바라보면 되는기라
아이처럼 치켜세워주고
잘했다, 잘했다, 맞장구 쳐주고
그냥 웃어주면 되는기라
모성의 품 하나
산같이 키우면 되는기라

한 알의 사과

끝 간 데 없이 이르기만 한 것은
댓돌을 밟고 평원으로 내려올 일만 남았다는 일
열매를 달고 나무그늘처럼 넓어진 품이
편안히 깊이의 농도를 더해가야 하듯
절정에 가닿은 것은 농익어
떨어져도 무슨 여한 있으랴

책 속의 나무

나무는 기뻤으리라
새가 날아와 노래를 불렀으므로
나무가 있는 숲은
희망처럼
나날이 푸르렀으므로

나무는 슬펐으리라
어디론가 날아가려는 새의 날갯짓에
나무는 잎새를 드러내놓고
괴로웠으리라
아팠으리라

덤

비내섬 가는 길에
도자기전시장이 있어 들어갔다가
매난국죽 도자기 세트를 사고 말았다
소금항아리라며 매화꽃무늬가 그려진
작은 항아리 하나를 더 얹어 준다

소금이 호강하겠네,
이렇게 이쁜 항아리에 담기다니, 하며
안을 들여다보는데 금이 간 흔적이 보인다

형식 못지않게 내용이 중요하지만
내용 못지않게 형식이 중요할 때가 있다

그릇과 음식만 봐도 그렇다
예쁜 그릇에 맛있는 음식이야 금상첨화지만
맛있는 음식에 금이 간 그릇이나
예쁜 그릇에 맛없는 음식은 어쩐지 절뚝발이 같다

매화꽃무늬 항아리에 담겨진 소금은
세상의 빛과 소금이 되라는 말씀처럼
제값을 할 테지만……

덤이란 밥을 먹고 난 뒤
수정과 한 잔 같은 거

재테크 방식에 대한 어정쩡한 견해

시를 쓰는 그녀들이 땅 얘기를 하고 있을 때 잃어버린 시심에 대한 위안이겠거니 생각하며 주름진 얼굴을 멀뚱히 바라보고 있는데 현실에 안주해버린 자와 비현실의 경계에 어정쩡 서 있는 나는 잘살고 있는 건지, 밥도 힘도 되지 않는 시를 붙잡고 환상이나 먹고 사는 허방인생은 아닌지, 초등학교밖에 나오지 않았는데도 사고팔고의 고수인 누군가의 재테크 방식을 배워야겠다고 생각하는 순간 불안에 점령당한 마음은 어쩔 수 없이 위험을 감수한 고수익 펀드 하나를 들고서야 평안을 찾을 수 있었는데 그 옛날, 돼지 목에 진주목걸이 두른 형상 아니냐며 돈 안 되는 자신의 재능을 믿고 쫓더니 결국 그 세계 유명 작가로 활동 중인 그녀의 말이 와 박히는 날,

가면놀이

여자가 미처 옷가지를 챙겨 입기도 전에
사내가 벌컥 문을 열어제쳤다

순간, 놀란 건
방 안에 뒹굴던 여자가 아니라
창밖에 있던 나무와 바람과 햇살이었다

꽃아,
엎지른 마음을 누가 볼세라
허겁지겁 주워 입고 있는
철없는 꽃아,

나무야 보고도 못 본 척 눈감으면 그만이지만
저기 저 간지러운 바람의 입을 어쩔 것인가

한참도 아닌 조금만 흘러가보면 안다
강물이
물안개로 장막을 치고 있는 이유를

그해 여름

　내 정신의 보물이라 생각하던 시집을 얻던 그해 어머니는 육신의 보물인 가슴 한 쪽을 잃으셨다 오남매에게 젓을 물려 키우던 양식의 그릇이라 생각하던 내게 고희를 넘기신 어머니께는 여자의 꽃을 도려내는 아픔이라는 사실에 더 놀라웠다 수술을 받고 몇 번의 약물치료를 받는 동안 나는 아무 일도 없다는 듯이 스스로에게 주술을 걸며 고통을 지그시 눌렀다, 커피를 마시고 음악을 들으며 시를 썼다 그러면서 생각하기를 사치란 물질적 호화를 누리는 것이 아니라 열망하는 것들을 이루며 사는 삶이 아닌가 생각했다 그해, 신은 더할 수 없는 기쁨과 고통을 함께 주셨지만 나는 겸허히 무릎을 꿇고 기도를 올리고 싶어졌다

카르페디엠(Carpe Diem)*

꽃향기를 따라왔는지,
꿀을 따러 왔는지
물봉선 꽃잎 속으로 돌진하는 벌 한 마리
꿀의 천국인지, 독의 지옥인지도 모른 채
꽃의 중독자를 해독할 해독제는 꽃밖에 길이 없나,
밥도 힘도 되지 않는 시를 껴안고
천길 벼랑을 수없이 추락하는 당신이나, 나나
시에 중독자를 해독할 길은 시밖에 길이 없나,
기왕지사, 시와 빵을 함께 굽는 오후는?
시가 밥 먹여주는 유토피아는?

---

*카르페디엠(carpe diem): '현재를 꽉 붙잡으라' 또는 '현재를 즐겨라'의 의미를 가진 라틴어. 1990년 영화 〈죽은 시인의 사회〉에서 키팅 선생이 학생들에게 자주 이 말을 외쳤다.

초록 눈에 꽃이 핀다

누군가 '사랑해!'라고 발음할 때
나무의 어딘가에 깃들었던
초록 눈이 새순으로 돋아나
팔랑이는 것만 같아서
가슴에서도 꽃이 피어나지,
한 그루 푸른 나무로 출렁이지

입에서 나온 말이 귀로 들어와
가슴을 열게도 하고 닫게도 하는 힘은
초록 눈이 가지고 있지

함부로 내뱉기 어려운
순정한 말일수록
이성보다 감성의 지배를 받는 몸은
직감적으로 진정성의 깊이를 헤아리지

빛도 내지 못하는 말들의 잔치
그 휘발성의 시대에

우리는 살고 있으므로

달맞이꽃

회춘하듯 선홍의 생리가 왈칵 쏟아지던 날
거나하게 취한 퇴근길 남편은
달맞이꽃을 꺾어와 유리병에 꽂아놓는다

저만치 늦게 당도한 기차가
기적을 울리며 나를 스쳐 지나가고 있는데,

해설

하여(何如), 그윽한 지경

고영 시인

> 어둠을 모르는 미학이란 없다
> —이정자 시,「화병」중에서

1.

 그런 시가 있다. 화려한 수사나 의미심장한 어휘를 사금파리처럼 사방에 심어놓지 않아도, 이해와 오해가 반반일 수밖에 없는 복잡한 기교를 곳곳에 매설해놓지 않고도, 시를 읽는 이의 마음을 부드럽게 때로는 위태롭게 이끌어가는 그런 시가 있다. 시인의 가녀린 목소리에서 퍼져 나오는 그 작은 울림(스밈)만으로도 어느새 독자의 가슴을 후벼 파는 시. 그런 시를 만날 때의 행복은 욕망을 성취했을 때의 기쁨보다 크다. 하물며 욕망마저도 하나의 장신구로 만들어버리는 독특한 연금술을 덤으로 읽을 수 있는 시라면 그 행복은 배가될 것이다.

 이정자 시인의 세 번째 시집,『그윽』은 바로 그런 작품들로 가득 차 있다. 먼저 시의 아름다움이란 바로 이런 것이 아닐까 하는 지경에 이르게 한 표제시를 살펴보자.

> 그 여름날의 폭풍이 없었다면
> 능금나무에 대해 난 알지 못했을 것이네
> 푸른 열매의 성숙을 몰랐을 것이네
> 단단히 내리는 뿌리의 기억을
> 난 알지 못했을 것이네
>
> 흘러간 것들은 아주 흘러가게 내버려두고
> 폭풍 속을 통과하며 내게로 온 것들
>
> 그 여름날의 혼돈이 없었다면
> 고통 속을 함께 건너온 능금나무에 대해
> 난 아무것도 쓰지 못했을 것이네
>
> 벽을 뛰어넘는 법도
> 넘어짐을 넘어서서
> 나를 사랑하는 법도
>
> ―「능금나무」 전문

시집을 여는 첫 작품부터 시인은 어떤 선언적 명제, 혹은 이번 시집에서 담아내고자 했던 시작(詩作)의 자세 같은 것을 숨기지 않는다. "그 여름날의 폭풍이 없었다면", "그 여름날의 혼돈이 없었다면"처럼 짐짓 가정의 형식을 취하지만, 이 작품에서 정작 주목하고 있는 것은 그것이 아니다. "흘러간 것들은 아주 흘러가게 내버려두고/폭풍 속을 통과하며 내게로 온 것들", 내용상 '능금나무'로 표상되는 그것, 더 정확하게는 시적 화자와 능금나무의 관계, '폭풍'과 '혼돈'이 없었다면 결코 읽어내지도 쓰지도 못했을 내밀한 관계를 말하고 있다. 여름 지나 "푸른 열매의 성숙"의 계절에서 시인은 변화된 자신을, 아니 자세를 본다. 그것은 "벽을 뛰어넘는 법"과 "넘어짐을 넘어서서/나를 사랑하는 법"을 깨닫게 된 새로운 자아이다.

그러므로 예상하게 되는 것은 이번 시집이 새로운 자아상이 확립되었을 때와 그렇지 못했을 때의 두 꼭짓점 사이에서 부단히 오고가는 시 정신의 결실이라는 점이다. 어쩌면 이는 자연스러운 것인데, 시적 깨달음이란 종교적인 승화와는 달라서 시인은 구도자이면서 동시에 생활인이라는 이중의 역할을 다 감내해야 하기 때문이다.

2.

이정자 시인은 좀체 숨기지 않는다. 아니, 숨기려 들지 않는다. 오히려 드러냄으로써 욕망마저도 하나의 장신구로 만들어버리는 독특한 연금술을 지녔다. 이 말은 시적 표현이 난해하다는 의미가 아니며, 거친 관념이 나열되어 있다는 의미도 아니다. 시인은 실재 문제를 실제적으로 드러낸다. (이것은 시인 자신에게 얼마나 큰 무기인가!) 시와 삶을 불편하게 하는 자기의식과 세태와 세계의 이면을 드러내는 데 주저함이 없다. 맑고 깊은 가을 호수의 정경을 감상하면서도, "찰랑이는 물결/지켜보던 왜가리 한 마리/굴곡진 마음의 협곡 다스리지 못하고/캑, 캑, 거린다/사람이나 물새나/생각이 추(醜)해지면 제 한 몸의 입도/어쩌지 못하는 법"(「가을 호수」)임을 상기시킨다. 능수버들 가지가 수면에 떨어지며 인 물결에서 제 밥인 물고기만을 생각하는 '왜가리'를 보면서 시인은 '추'해진 생각의 끝이 결국 '입'에 닿는 것을 본다.

모처럼, 한적한 시간을
밀린 시집 봉투를 뜯어 책장을 넘기는 일이
평화와 고요로 나를 충전하는 시간이기보다
속도를 위반하는 일이 아닌가 싶을 때가 있다

모두 다 도시로 더 넓은 도시로 떠나가고
청량한 공기와 검은등뻐꾸기 소리 들려오는 숲에
나만 홀로 오도카니 남아 있는 것 같은 생각에
멀뚱해질 때가 있다

도시를 찾아 떠났던 이들
문명에 지쳐 초록 숲 그늘로 들 것이라는 걸
뻔히 알면서도

책장을 넘기며 고요의 깊이 속으로
들어가는 일이

―「고요의 깊이」 전문

　인용한 위의 작품은 시인에게 불안까지는 아니더라도 일종의 염려, 또는 회의까지는 아니더라도 고민을 안겨주는 상황에 대한 진술이다. 시인은 모처럼 '고요의 깊이'에 빠져드는 시간에도 "밀린 시집 봉투를 뜯어 책장을 넘기는 일이/평화와 고요로 나를 충전하는 시간이기보다/속도를 위반하는 일이 아닌가" 하는 까닭 없는 염려에 사로잡힌다. '모두 다 더 넓은 도시'로 떠나버렸기 때문인데, 사실 도시란 거주하는 곳의 행정지명을 지칭하는 것이 아니다. 도시에서는 "사람이 자리를 만드는 것인지/자리가 사람을 만드는 것인지"(「군자란」) 쉽게 분별할 수 없는 상황이 수시로 벌어지고, "고개를 숙이느냐,/쳐드느냐로/천사와 악마의 낙인이 찍히고"(「한 끗 차」) 마는 차이가 엄연히 존재하는 곳이다. "시를 쓰는 그녀들이 땅 얘기를 하고 있을 때 잃어버린 시심에 대한 위안이겠거니 생각하며 주름진 얼굴을 멀뚱히 바라보고 있는데 현실에 안주해버린 자와 비현실의 경계에 어정쩡 서 있는 나는 잘살고 있는 건지, 밥도 힘도 되지 않는 시를 붙잡고 환상이나 먹고 사는 허방 인생은 아닌지,"(「재테크방식에 대한 어정쩡한 견해」) 시인의 자의식을 건드리는 일이, 아니 위선이 아무렇지도 않게 드러나는 곳이다. 한마디로 "빛도 내지 못하는 말들의 잔치/그 휘발성의 시대에

/우리는 살고 있으므로"(「초록 눈에 꽃이 핀다」) 불편하다는 것이다. 하지만 시인은 이 불편에 좀체 흔들리지 않는다. 그것은 "문명에 지쳐 초록의 숲에 들 것이라는 걸" 이미 알고 있기 때문이다.

    길앞잡이란 놈이 번갯불에 콩 튀기듯
    풀숲을 향해 내달리고 있습니다
    초고속인터넷 세상에서 느린 것은 답답해졌습니다,
    새재가 생기고부터 하늘재는 진부해졌습니다

    풀섶 민달팽이 한 마리만 빨리 가봐야 종착역은 결국 무덤이
라는 걸 아는지 느릿느릿 기어갑니다

    천천히 아주 천천히
    가닿을 곳이 있다는 듯이

    간혹 속도에 질린 사람들이 하늘재를 돌아 넘습니다
    팍팍 튀는 창의성 결여로 시가 낡아갈까 겁나는 나도
    여기서는 귀가 순하게 열려서
    자귀나무 꽃잎처럼 당신 말에 물이 듭니다

    가슴에 닿지 못한 말은 씨앗도 되지 못하고
    뿌리내리지도 못해
    꽃잎처럼 분분히 흩어져도

> 속도와 느림을 조율하면서 가다 보면
> 창의성마저 진부해지겠습니까
> 정신마저 늙어가겠습니까
> 뭉게구름도 천천히 흘러가는 아침입니다
>
> ―「하늘재 민달팽이」 전문

 하늘재와 새재의 비교를 통해 속도에 열광하는 세태에 대한 인식을 그대로 드러낸 「하늘재 민달팽이」도 같은 경로를 밟는다고 볼 수 있다. 시인은 "꽉꽉 튀는 창의성 결여로 시가 낡아갈까 겁나는 나"라고 스스로를 낮추고 있지만, 이는 사실 "가슴에 닿지 못한 말은 씨앗도 되지 못하고/뿌리내리지도 못해/꽃잎처럼 분분히 흩어져도/속도와 느림을 조율하면서 가다 보면/창의성마저 진부해지겠습니까/정신마저 늙어가겠습니까"라며 자신의 시적 태도에 대한 신뢰를 드러낸다. 여기서 더 나아가 의미심장한 전언을 우리에게 들려준다. "속도와 높이에 가치를 둔 머리는/모퉁이를 절망으로 읽을 테지만/굽은 모퉁이가 우주의 중심으로 빛나는 시간이 있다네/천년의 숨결이 가슴으로 만져지는 시간이 있다"(「누암리 고분군」)는 것이다. 모퉁이란 외진 곳이라는 의미 외에도 그곳을 돌아가기 위해서는 속도를 줄여야 하고 중심을 낮춰야 한다는 점에서 '머리'에게는 '절망'으로 읽히겠지만, "굽은 모퉁이가 우주의 중심으로 빛나는 시간이 있다"는 것, 다시 말해 속도를 늦추고 자세를 낮췄을 때 '우주의 중심'이 될 수도 있다는 강인하고 빛나는 시적 인식을 보여준다.

이처럼 이정자 시인의 시는 익숙한 시어인 듯 보이지만 명확한 수사로 짜여져 있다. 또한 차분하고도 맑게 반짝이는 시 정신을 지녔다. 이는 물론 시인의 말처럼 '속도와 느림을 조율'하는 시인의 솜씨에서 비롯하는 것이지만, 또 하나 빼놓을 수 없는 점은 인식의 재구성이라 할 수 있다.

> 폭풍처럼 몰아친 달콤한 향기는
> 사내의 심장에 독으로 박혔는가
> 어깨에 기대어 여인은 혼곤한 잠에 빠졌는데
> 사내는 어이하여 허공을 응시한 채 잠 못 드는가
> 지상에서 맺어질 수 없는 사랑이라면
> 비바람 치는 밤하늘을 떠돌더라도
> 영원히 함께 있어야 한다는 절박한 염원이
> 놓칠세라 여인의 손을 꽉, 잡고 있지만
> 잡고 있는 것은 손이 아니라
> 천리 밖으로 달아나려는 마음
> 일생 놓치고 싶지 않은 그 무엇이
> 모래알처럼 심장을 뚫고 달아난대도
> 폭풍 속을 통과한 자만이
> 그 어떤 신화도 쓸 수 있는 법이지,
> 지상과 천상을 넘나드는
> 영원한 숨결의 기록을 남기는 법이지
> 열정이란 전력질주 살아 가슴 뛰는 날이겠지만

>시간 앞에 무력해지는 것이 그 속성
>폭풍 지나간 숲은 맑고 푸를 것이니
>그대, 염려하지 마라, 사랑에 헌신하는
>자, 사랑의 주인이다.
>
>―「바람의 신부」 전문

 시인은 이미 '화양연화(花樣年華)'에서 '화무십일홍(花無十日紅) 인생'(「게발선인장」)을 읽어내지만 시간의 폭주 앞에서 탄식하거나 회고조 사설을 늘어놓는 데는 무관심하다. 달콤한 향기/심장에 독, 혼곤한 잠/허공에의 응시 등을 통해 "천리 밖으로 달아나려는 마음" 대신 '손'을 꽉 잡고 있는, 언뜻 보면 어리석게 보일 수도 있는 자세를 취한다. 그러나 사실 이 시의 전언은 '폭풍 속을 통과한 자'가 "지상과 천상을 넘나드는/영원한 숨결의 기록을 남기는 법"임을 강조하고 있음을 알 수 있다. 이 "영원한 숨결의 기록"을 '시'로 바꾸면 이정자 시인이 자신을 불편하게 하는 온갖 것들에게 쉽게 흔들리지 않았던 이유를 유추해볼 수 있다.

3.

 이번 시집, 『그윽』에서는 이정자 시인의 인식과 자세가 드러난 부분을 곳곳에서 찾아볼 수 있다. 황제나비가 북미대륙을 종단하는 4000km의 순례를 통해 들려주는 "산을 넘는 것보다,/강을 건너는 것보다/내가 나를 넘어서기가 가장 어려운 법"(「황제나비」)이라는 확고한 인식은 얼마나 믿음직한가. 또한 "외롭지만 존재하는,/존재하기에 고독한"(「기억의 나무」) 우리의 숙명을 "빛나는 정신과 깨끗한 철학/맑은 미소를 끝까지 가지고 간다면/사람들은 손에게로 다가가/손이 손을 꼭 잡을 것이다"(「손」)라는 희망의 메시지는 명제 그 자체를 뛰어넘는다. 애플 신화의 주인공 스티브 잡스와 사과의 연상을 등장시켜 "신화란 자기해체를 통한 재구성 내지 재창조가 있을 때/가능한 일"(「사과꽃 향기 날리네」)이라는 주장도 흥미롭다.

이렇듯 '속도와 느림의 조율'이나 '굽은 모퉁이가 우주의 중심으로 빛나는 시간'이 구체적으로 형상화된 작품은, 또 그 의미는 무엇일까.

  깨져야 산다
  유리도, 심장도, 시도

  태양에 깨지고
  달빛에 깨지고

  아름다움이 아름다움으로만 존재한다면
  빛이 빛으로만 존재한다면

  어둠을 모르는 미학이란 없다
  정물화 속의 화병이 단지 그림으로만 존재하는 이유다

나를 관통하며 지나간 시간이여

깨져라, 산산이 부서져 다시 태어나는 화병은

깨질 때 비로소 살아있는 꽃의 집이다

—「화병」 전문

  이 처절하고 도발적인 작품은 현대시의 정신을 오롯이 계승하고 있다. 누구나 아는 사실이면서 외면하기 쉬운 것이 현대시가 부정과 단절의 정신에서 탄생했다는 점일 것이다. "깨져야 산다"는 선언은 "아름다움이 아름다움으로만 존재한다면"이라는 미학적 뉘앙스만 지우고 나면 예술뿐만 아니라 그 어떤 분야에 갖다 붙여도 힘 있고 바람직한 선언이 될 것이다.

  "어둠을 모르는 미학이란 없다"는 정의는 너무도 지당하기에 덧붙일 말이 필요하지 않을 것이다. 그런데 시인은 마지막에서 "나를 관통하며 지나간 시간이여"라고 작품의 결과와는 잘 결부되지 않는 돈호법을 사용하고 있다. 시간을 부른다(호명)는 것은 결국 과거가 아니라 미래를 지향한다는 의미로밖에는 이해할 수 없는데, 회고적 어조가 전혀 들어 있지 않은 이 작품에서 "나를 관통하며 지나간 시간"이란 결국 나보다 앞서 있는, 또는 앞에서 나에게 손짓하는 정도로밖에는 볼 수 없다. 시인은 이와 유사한 또 다른 작품에서도 '관통'이라는 시어를 중심에 두고 유사하지만 보다 구체적인 시상을 전개한다.

    누군가 저 멀리 나는 새가 나무의 심장을 관통해 간다고, 저

허공의 풍경을 보라고 했다 그러자 앞에 있던 사내가 발음을
　　정확하게 해야 한다고, 그래야 오해의 여지가 없다고 했다 옆
　　에 있던 여자가 그거나 저거나 관통하는 일은 매한가지 아니냐
　　며 손가락을 찌르는 시늉을 했다

　　　태양이 꽃그늘을 관통하듯
　　　생의 뜨겁고 강렬한, 깊고도 그윽한 그 무엇이 관통해 간 적
　　있느냐고

　　　영혼과 영혼이 스미어 마침내 통점에 다다르는,
　　　　　　　　　　　　　　―「태양이 꽃그늘을 관통하듯」 전문

　이 작품은 두 개의 대비되는 태도가 짝으로 이루어졌다. 1연의 경우, "새가 나무의 심장을 관통해 간다고, 저 허공의 풍경을 보라"는 것이다. '누군가', '앞에 있던 사내', '옆에 있던 여자'들이 보고자 하는 것은 결국 '허공의 풍경'이다. 비록 새가 나무의 심장을 관통해 갔지만, 허공에서는 "강렬한, 깊고도 그윽한 그 무엇"이 남아 있을 리 없다. 이내 흩어져버릴 것이다. 아니 정확하게는 "스미어 마침내 통점에 다다"르지 못할 것이다. 시인은 다른 작품에서 "스미는 물이/불타는 불보다 강하다"며 "불타고 남은 재는 한 줌 바람에도 흔적 없이 사라지지만/스미는 물은 바위에도 구멍을 뚫"(「에스프레소」)기 때문이라고 했다. 이것은 스밈의 힘, 스밈의 진정한 의미를 강조하고 있음이리라. 결국 인용 작품에서 중요한

것은 '관통'이 아니다. 그것은 "영혼과 영혼이 스미어 마침내 통점"에 닿는 과정이다. 그리하여 그 '통점'은 「남산 헌화가」나 「그해 여름」과 같은 작품에 다다른다. 하여(何如), "열매를 달고 나무 그늘처럼 넓어진 품이/편안히 깊이의 농도를 더해가야 하듯(「한 알의 사과」) 시인의 시 정신은 더욱 그윽한 경지에 가닿아 빛나게 될 터이다.

이 도서의 국립중앙도서관 출판시도서목록(CIP)은 서지정보유통지원시스템 홈페이지(http://seoji.nl.go.kr)와 국가자료공동목록시스템(http://www.nl.go.kr/kolisnet)에서 이용하실 수 있습니다.(CIP제어번호: CIP2016026680)

문학의전당 시인선 239

그윽

ⓒ 이정자

초판 1쇄 인쇄　2016년 11월 7일
초판 1쇄 발행　2016년 11월 11일

　　지은이　이정자
　　펴낸이　고영
　책임편집　류미야
　　디자인　헤이존
　　펴낸곳　문학의전당
　출판등록　제311-2012-000043호
　　　주소　서울시 은평구 연서로11길 7-5 401호
　　　전화　02-852-1977　팩스 02-852-1978
　전자우편　sbpoem@naver.com

　　　ISBN　979-11-5896-288-3　03810

＊이 책의 판권은 지은이와 문학의전당에 있습니다.
＊양측의 서면 동의 없는 무단 전재 및 복제를 금합니다.
＊잘못 만들어진 책은 바꿔드립니다.
＊이 시집은 2016 한국문화예술위원회, 충북문화재단의 지원을 받아 제작되었습니다.